पतझड़

फ्रेडरिक नीत्शे एवं विशेक

पाब्लो नेरुदा को सप्रेम समर्पित

जिन्होंने मुझे रास्ता दिखाया

क्रम-सूची

क्रम-सूची

कविता से पहले

जर्मनी के महान दार्शनिक फ्रेडरिक विल्हेम नीत्शे का जन्म 15 अक्टूबर 1844 में जर्मनी परिसंघ के सैक्सोनी प्रान्त में हुआ था। फ्रेडरिक नीत्शे ने मनोविश्लेषणवाद, अस्तित्ववाद एवं परिघटनामूलक चिंतन के विकास में अपनी अहम भूमिका निभाई है। फ्रेडरिक नीत्शे वह शख्सियत हैं, जिन्होंने पहली बार दर्शन के क्षेत्र में मेटाफर का इस्तेमाल किया।

फ्रेडरिक नीत्शे सिर्फ एक दार्शनिक के रूप में ही दुनिया में विख्यात हैं। हालांकि नीत्शे एक बहुमुखी प्रतिभा के धनी थे। नीत्शे ने अपने सम्पूर्ण जीवन में उन्नीसवीं सदी की दूसरी छमाही में कविताएं लिखीं और गीतों की रचना भी की है। नीत्शे की कविताओं में व्यक्तिवाद, ईश्वर, एकांत, प्रकृति, सत्यनिष्ठता, घुम्मकड़पन और विषाक्त भाव मूल रूप से विद्यमान हैं।

नीत्शे का जीवन शुरुआत से ही बेहद दुःखद और पीड़ादायक रहा है। फ्रेडरिक नीत्शे ने मात्र पांच वर्ष की उम्र में अपने पिता को अंधा, लाचार और पागल होकर मरते हुए देखा। यही वह समय था जब फ्रेडरिक नीत्शे के जीवन और विचारों में रूपांतरण होना शुरू हुआ।

कविताएं वह माध्यम होती हैं, जिनमें व्यक्ति अपनी परिस्थिति, मनोस्थिति, समग्रता एवं गुणों को भावों, अलंकारों एवं रसों के ज़रिए शब्दों के रूप में व्यक्त करता है। जिसकी वस्तुनिष्ठता तथ्यों, पूर्वाग्रहों, वंचनाओं और अवधारणाओं के आधार पर तय न होकर मार्मिकता, हृदयस्पर्शी, मर्मस्पर्शी, प्रेरित, अश्रुपूरित एवं उद्वेलित करने के आधार पर किया जाता है।

नीत्शे की कविताओं में उनके जीवन के विभिन्न घटनाओं, दिनचर्या की उथलपुथल, एकांत का दुःख, खुदबखुद दुःख की गहन पीड़ा, व्यक्तिवाद की संकल्पना, पतझड़ की ऋतु, प्रेम की लालसा और प्रकृति का विषाक्त सौंदर्य मौजूद है।

फ्रेडरिक नीत्शे के दर्शन को पढ़ते पढ़ते मैं नीत्शे की कविताओं के करीब आ गया। जब कविताओं को पढ़ा और समझने की कोशिश की तो मेरे हृदय में यह प्रबल इच्छा उत्पन्न हुई कि इन दुर्लभ कविताओं का हिंदी भाषा में अनुवाद करना चाहिए। ताकि लोग नीत्शे की कविताओं से रूबरू हो पाएं। वह कविताएं जो नीत्शे को भावना की दृष्टि से समझने में बेहद मददगार हैं।

यह पुस्तक नीत्शे की दुर्लभ कविताओं का हिंदी भाषा में एकल एवं अनूठा संग्रह है। पुस्तक आपके हाथ में है, धीरे धीरे पढ़िए।

अनुवादक
विशोक गौर
11 जुलाई 2022
नई दिल्ली

1. फ्रेडरिक नीत्शे : विस्तृत परिचय

जर्मनी के महान दार्शनिक फ्रेडरिक विल्हेम नीत्शे का जन्म 15 अक्टूबर 1844 में जर्मनी परिसंघ के सैक्सोनी प्रान्त में एक पादरी के घर में हुआ। फ्रेडरिक नीत्शे के पिता का नाम कार्ल लुडविग नीत्शे तथा माँ का नाम फ्रेन्ज़िस्का नीत्शे था। घर में फ्रेडरिक नीत्शे सबसे बड़े थे। नीत्शे के बाद नीत्शे का एक छोटा भाई था और एक छोटी बहन भी थी। छोटे भाई का नाम लुडविग जोसेफ नीत्शे और छोटी बहन का नाम एलिज़ाबेथ फ़ोर्स्टर नीत्शे था। नीत्शे का परिवार एक धार्मिक परिवार था और ईश्वर में गहन आस्था रखता था। इसका मुख्य कारण नीत्शे के पिता थे जो कि घर के पास के ही एक चर्च में पादरी थे। पिता के प्रभाव के कारण घर में धार्मिक माहौल बना रहता था और घर के अन्य सदस्य भी ईश्वर की स्तुति करते रहते थे। नीत्शे के पिता चाहते थे कि नीत्शे बड़ा होकर धार्मिक ग्रन्थों का अध्ययन करे और उनकी तरह ही एक पादरी बनकर ईश्वर की स्तुति करे। हालांकि ऐसा होता इससे पहले ही नीत्शे के घर में दुःखों का पहाड़ टूट गया।

इस समय नीत्शे की उम्र लगभग पांच वर्ष रही होगी। जब नीत्शे ने पहली बार अपने पिता को बेबस, लाचार, अंधेपन और दिमागी अस्थिरता में बिस्तर पर तड़पते हुए तिल तिल कर मरते हुए देखा। देखा कि कैसे उसके पिता जो कि ईश्वर की स्तुति करते हैं और दिन रात बस ईश्वर ही ईश्वर

पुकारते रहते हैं कैसे पीड़ा से तड़प रहे हैं। पागल होते जा रहे हैं और धीरे धीरे घर के सदस्यों को पहचान नहीं पा रहे हैं। अपने पिता की यह दयनीय स्थिति देखकर नीत्शे भीतर से एकदम टूट गए। वह मन ही मन यह सोचने लगे कि आखिर ईश्वर ने मेरे पिता की यह हालत क्यों की है? आखिर वह तो दिन रात ईश्वर की ही स्तुति करते रहते हैं। इन्हीं तरह के प्रश्नों ने नीत्शे में सोचने और विचार करने की शक्ति को विकसित करना शुरू कर दिया। हालांकि नीत्शे के पिता की 30 जुलाई 1849 को महज़ छत्तीस वर्ष की कम उम्र में ही मृत्यु हो गई। नीत्शे और उनका पूरा परिवार अभी इस शोक से पूरी तरह से उबर भी नहीं पाया था कि नीत्शे के छोटे भाई कार्ल लुडविग की भी बीमारी के कारण 1850 में महज़ दो वर्ष की शिशु अवस्था में ही देहांत हो गया।

इसके बाद घर में नीत्शे के अलावा उनकी माँ और बहन ही शेष बचते हैं। घर की आर्थिक स्थिति सन्तोषजनक होती है। लेकिन इन दुःखों से नीत्शे एकदम टूट जाते हैं और भीतर ही भीतर ईश्वर को कोसते हैं और ईश्वर से लगातार प्रश्न करते रहते हैं। नीत्शे की इस प्रवृत्ति से ही आगामी समय में उनके दर्शन में "ईश्वर मृत है" का विचार प्रकट होता है। फ्रेडरिक नीत्शे की प्रारंभिक शिक्षा नम्बर्ग के एक प्राइवेट प्रिपरेटरी स्कूल में होती है। इसके बाद नीत्शे की क्लासिक शिक्षा पफ़ोर्टा के पफ़ोर्टास्कूल से पूरी होती है। फ्रेडरिक नीत्शे 1864 में ग्रेजुएट हो जाते हैं। इसके बाद यूनिवर्सिटी ऑफ बोन में दो सेमस्टर की पढ़ाई करने के बाद नीत्शे का ट्रांसफर यूनिवर्सिटी ऑफ लीपज़िग में कर दिया जाता है। जहाँ नीत्शे फिलॉसफी, कॉम्बिनेशन ऑफ लिटरेचर, लिंगविस्टिक और

हिस्ट्री की पढ़ाई करते हैं। फिलॉसफी का अध्ययन करते हुए नीत्शे ने ग्रीक दार्शनिक सुकरात, प्लेटो और अरस्तू के विचारों का अध्ययन किया। हालांकि जर्मनी के दार्शनिक आर्थर शोपन्हाउअर जिन्हें निराशावादी दार्शनिक भी कहा जाता है। उनकी पुस्तक "द वर्ल्ड ऐज़ विल एन्ड आइडिया" को पढ़कर नीत्शे बेहद प्रभावित हुए। आर्थर शोपन्हाउअर की इस पुस्तक ने नीत्शे को इतना प्रभावित किया कि इसको पढ़ने के बाद नीत्शे का ईश्वर के प्रति विचार पूर्णतः बदल गए। नीत्शे ईसाइयत के कट्टर विरोधी बन गए एंव ईश्वर की सत्ता को नकार दिया और कहा कि "ईश्वर मर गए हैं और हमारे हाथ ईश्वर के खून से रंगे हुए हैं।" नीत्शे ने इसी दौरान लैटिन, ग्रीक और हिब्रू भाषा का भी अध्ययन किया और इन भाषाओं में पारंगत हो गए।

नीत्शे ने अपनी पढ़ाई पूरी की तथा 1869 में महज़ पच्चीस वर्ष की उम्र में स्विट्ज़रलैंड के यूनिवर्सिटी ऑफ बेसल में बतौर प्रोफेसर पढ़ाने लगे। प्रोफेसर के तौर पर काम करते हुए नीत्शे ने अपनी दो पुस्तकों का प्रकाशन करवाया। पहली पुस्तक का नाम "द बर्थ ऑफ ट्रेजिडी" जो 1872 में प्रकाशित हुई। दूसरी पुस्तक "ह्यूमन ऑल टू ह्यूमन" जो 1878 में प्रकाशित हुई। हालांकि यह दोनों ही पुस्तकें नहीं बिकीं। अध्यापन के दौरान नीत्शे ने कहा कि सभी मनुष्यों को इतिहास अवश्य पढ़ना चाहिए, क्योंकि हमारी प्रगति में हमारा ऐतिहासिक दृष्टिकोण एवं इतिहास की स्मृतियां जो हमारे अवचेतन मन में स्टोर हैं, वह महत्वपूर्ण भूमिका अदा करती हैं। हमारे पूर्वजों के विचार, रहन सहन और उस समय की परिस्थितियां हमारे विकास के महत्वपूर्ण पहलू हैं। इस तथ्य को प्रतिपादित करते हुए नीत्शे एवोल्यूशन की थेओरी

पर दृष्टिपात करते हैं और कहते हैं कि हमारा विकास सरवाइवल और निरन्तरता पर निर्भर करता है। हम पोंजीडी से मानव में विकसित हुए और फिर मानव से महामानव में विकसित होंगे। वस्तुतः इसी एवोल्यूशन थेओरी से ही नीत्शे के मस्तिष्क में महामानव का विचार प्रकट हुआ है। यूनिवर्सिटी ऑफ बेसल में नीत्शे अधिक दिनों तक पढ़ा नहीं पाए और अध्यापन के दौरान नीत्शे को नर्वस डिसऑर्डर की वजह से 1879 में प्रोफेसर पद से इस्तीफा देना पड़ा।

प्रोफेसर के पद से इस्तीफा देने के बाद नीत्शे एक लेखक के रूप में जीवन व्यतीत करने लगे। नीत्शे अपना जीवनयापन यूनिवर्सिटी ऑफ बेसल से मिलने वाली पेंशन से किया करते थे क्योंकि उनकी लिखी हुई पुस्तकें न ही बिक रही थी और न ही कोई उनके विचारों की गम्भीरता को समझ पा रहा था। नीत्शे का जीवन उनके पैदा होने से लेकर मृत्यु तक दुखमय रहा है। फ्रेडरिक नीत्शे जब चौदह वर्ष के थे उन्हें हफ़्तों हफ़्तों तक लगातार सिर दर्द और उल्टी होती थी। वह एक अंधेरे कमरे में बिस्तर पर लेटे रहते थे और कमरे की खिड़कियां पर्दों से पूरी तरह ढकी रहती थी। जिससे कमरे में मुश्किल से रोशनी की किरण आती थी। इस स्थिति में भी नीत्शे पढ़ते, लिखते और लगातार सोचते विचारते रहते थे।

पुस्तकों के न बिकने और प्रसिद्धि प्राप्त न कर पाने से नीत्शे निराश जरूर होते थे। लेकिन इसकी वजह से उन्होंने लिखना, पढ़ना और विचार करना कभी बंद नहीं किया। फ्रेडरिक नीत्शे एक बेहद ही दृढ़ संकल्प, अनुशासित एवं निरन्तर जारी रहने वाली दिनचर्या को अपनाते थे। भोर में जब आकाश स्लेटी रहता है तभी नीत्शे उठ जाया करते थे

और फिर बिना किसी बाधा एवं रुके वह 11 बजे तक पढ़ते रहते थे। पढ़ने से ब्रेक लेकर नीत्शे घर के पास के जंगल में टहलते थे और सिलवापलाना झील के किनारे बैठते थे। इस समय जो विचार नीत्शे के मस्तिष्क में आते थे वह उसे अपनी डायरी में लिख लेते थे। नीत्शे खूब लिखते और पढ़ते थे और वह इस दिनचर्या का पालन बिना बाधा के हमेशा ही करते थे। नीत्शे की सबसे बेहतरीन खूबियों में से एक खूबी यह थी कि वह सिर्फ पढ़ते लिखते ही नहीं थे बल्कि वह जो पढ़ते थे उन तथ्यों, विचारों एवं उसकी सत्यता और प्रासंगिक को लेकर विचार विमर्श भी करते थे। जिससे नीत्शे के भीतर ज्ञान मीमांसा का विकास संभव हो पाया। अपनी इस दिनचर्या को नीत्शे नियमित, अनुशासित और निरंतर बनाये रखते थे। नीत्शे खूब घूमते और सोचते रहते थे। इसी परिपेक्ष्य में नीत्शे ने एक बार कहा भी था कि "सभी सच्चे एवं महान विचार टहलते हुए उत्पन्न हुए हैं।" हालांकि नीत्शे अपनी इस पूरी दिनचर्या में अकेले और एकांत में रहते थे और इस परिपेक्ष्य में भी नीत्शे ने कहा है कि "अगर खुद को एक्सप्लोर करना है तो अकेले रहो।" फ्रेडरिक नीत्शे ने अपने जीवनकाल में अनेकों दार्शनिकों को पढ़ा, उनके विचारों का विश्लेषणात्मक अध्ययन किया और उनकी आलोचना भी की परंतु नीत्शे को प्रभावित करने में जर्मनी के ही दार्शनिक आर्थर शोपन्हाउअर के विचारों का बहुत बड़ा महत्व रहा है। आर्थर शोपन्हाउअर के विचार मानव और जीवन के इर्दगिर्द घूमते हैं, जिसमें मानव दुःख और दुःखों की प्रकृति अहम है। नीत्शे ने जब शोपन्हाउअर के विचार को पढ़ा तो उन्हें दुःखों के अस्तित्व एवं इसकी प्रकृति के गहन अर्थों का स्मरण हुआ। नीत्शे खुदबखुद दुःख

और एकांत की पीड़ा को एक लंबे अरसे से सह रहे थे इसलिए भी उन्हें आर्थर शोपन्हाउअर के विचारों ने प्रभावित किया। हालांकि जैसे हर एक व्यक्ति के मौलिक अधिकार होते हैं, वैसे ही हर एक व्यक्ति की अपनी मौलिक सोच समझ होती है। जिससे वह अपने लिए वस्तुओं से लेकर विचारों तक को चुनने, अपनाने एवं उनका अनुसरण करने में अपनी सूझबूझ का इस्तेमाल करता है। इसी अर्थों में नीत्शे के भीतर यह मौलिकता अन्य मानवों की तुलना में अधिक थी। नीत्शे आत्मविचार की क्रिया के द्वारा विचारों की उत्पत्ति और उनकी विशिष्टता को ठीक ठीक समझ जाते थे। फलस्वरूप आर्थर शोपन्हाउअर की तरह जीवन को निराशावादी नज़रिए से न देखते हुए और जीवन को न नकारते हुए नीत्शे ने इसके विपरीत जीवन में आशा एवं जीवन को खुले मन से आत्मसात करने का विचार प्रकट किया और दर्शन के क्षेत्र में इतिहास रच देने वाले विचारों की उत्पत्ति की एवं मानव तथा मानव समाज को एक भिन्न दृष्टिकोण से देखने के लिए एक नज़रिया प्रदान किया।

फ्रेडरिक नीत्शे का दर्शन मुख्य रूप से दो विचारों पर ज़ोर देता है। पहला विचार "Selbstüberwindung" अर्थात "Self overcoming" जिसको नीत्शे ने परिभाषित करते हुए मानव को यह संदेश दिया है कि प्रत्येक मानव को हर परिस्थिति में दृढ़तापूर्वक एवं साहस के साथ डटे रहना चाहिए। दुःख, पीड़ा और अकेलापन यह जीवन के अहम तत्व हैं, इन्हें स्वीकार करना चाहिए। इनसे भागना नहीं चाहिए बल्कि इनको आत्मसात करते हुए इन पर काबू पाना चाहिए। दुःख, पीड़ा और अकेलेपन की ऊर्जा को रचनात्मक एवं सृजनात्मक कार्यों को करने में लगाना चाहिए। नीत्शे

ने इस विचार में जो अहम बात कही है, वह यह है कि एक मानव को सच्चाई का सामना करना चाहिए, क्योंकि हर व्यक्ति भ्रम में जीवन व्यतीत कर रहा है। जन्म से लेकर मृत्यु तक दुःख मानव अस्तित्व का अपरिहार्य अंश है। नीत्शे के दर्शन का दूसरा अहम विचार "Übermensch" अर्थात "Superman" है। नीत्शे का यह विचार उनकी आखरी और सबसे अहम पुस्तक Thus Spake Zarathustra में वर्णित है। जिसका प्रकाशन चार भागों में सन 1883 से लेकर सन 1885 के बीच में हुआ। नीत्शे ने इस रचना में मानव विकास की शृंखला में एक खोज को रेखांकित किया है। जिसके अनुसार एवोल्यूशन थ्योरी में पोंजीडी के बाद विकसित होकर मानव में हम रूपांतरित हुए ठीक इसी तर्ज़ पर आने वाले समय में विचारों के तर्ज़ पर मानव से रूपांतरित होकर महामानव बनेंगे। नीत्शे के अनुसार महामानव वह व्यक्ति होगा जो गुलाम नैतिकता और अंतिम आदमी की झुंड की नैतिकता को तोड़ता हुआ सबसे ऊपर उठ जाएगा। इसी विचार के आधार पर नीत्शे ने मानव के स्तर पर समाज को तीन भागों में विभाजित किया है। जिसमें सबसे पहले अंतिम आदमी है, दूसरे पर गुलाम है और तीसरे स्थान पर महामानव है। अंतिम आदमी की व्याख्या करते हुए नीत्शे ने लिखा है कि "अंतिम आदमी वह आदमी है जो अपनी सुविधा की परिधि में बंधा रहता है और वह आदमी झुंड की नैतिकता को अपनाता है, अर्थात जो झुंड की नैतिकता होती है वही नैतिकता अंतिम आदमी की भी होती है, भले ही वह नैतिकता अर्थों एवं सन्दर्भों में सही हो या न हो। अंतिम आदमी उसका अनुसरण करता ही है। यही अंतिम आदमी मिलकर समाज बनाते हैं, जो

समाज हम पर पाबंदियां एंव बंदिशें लगाता है।" गुलाम की व्याख्या करते हुए नीत्शे ने लिखा है कि "गुलाब मानव नैतिक रूप से मृत होते हैं, यह समाज में वह लोग होते हैं जो जीवन में खुद कुछ नहीं कर पाते और दूसरों को भी कुछ करने नहीं देते हैं।" तीसरे स्थान पर महामानव की व्याख्या में नीत्शे ने जो लिखा है वह नीत्शे को समझने के लिहाज से भी बेहद महत्वपूर्ण है। नीत्शे के जीवन को जब हम शुरुआत से लेकर अंत तक देखते हैं तो हमें दुःख, दर्द, पीड़ा, एकांत, बीमारी और दूर दूर तक सूनापन ही दिखाई देता है। नीत्शे के जीवन में रंग मानों हो ही न सिर्फ और सिर्फ अंधकार ही अंधकार है। इसी आधार पर महामानव की उत्पत्ति होती है। महामानव वह हैं जो पीड़ा को सहते हैं, जीवन की सच्चाई को आत्मसात करते हैं और दुःख को जीवन का अहम हिस्सा मानते हैं। महामानव दुःख, जीवन की कटु सत्य और अकेलेपन से जूझते हैं और रचनात्मक तथा सृजनात्मक कार्यों को पूर्ण करते हैं। महामानव समाज की झुंड और गुलाम नैतिकता को नहीं मानते हैं बल्कि इनका प्रतिकार करते हुए अपनी स्वयं की नैतिकता बनाते हैं। जिसे महामानव की नैतिकता की संज्ञा दी जाती है। जिसका अनुसरण फिर पूरी मानवजाति करती है। नीत्शे महामानव को विशिष्ट इसलिए कहते हैं क्योंकि महामानव आक्रोश, हवस, डर, घृणा, ईर्ष्या और घमंड की ऊर्जा का इस्तेमाल करके खुद को दृढ़संकल्प, श्रेष्ठ और सबसे अधिक योग्य बनाता है और इस तरह से वह समाज की रूढ़िवादी एवं खोखली व्यवस्था को भी बदलता है।

नर्वस डिसऑर्डर के कारण नीत्शे ने जब प्रोफेसर पद से इस्तीफा दिया था, उसके बाद से वह एकांत एवं दुःख भरी

जिंदगी व्यतीत कर रहे थे। हालांकि इन सभी अवरोधों के बावजूद नीत्शे ने कभी भी लिखना पढ़ना नहीं छोड़ा। लेकिन नीत्शे के जीवन में अभी और दुःख, पीड़ा आनी बाकी थी। और यह रही सही कसर तब पूरी हो गई जब पता चला कि नीत्शे पागल हो गए हैं। नीत्शे को पहले बेसल के एक पागलखाने में भर्ती कराया गया और फिर 18 जनवरी 1889 में उन्हें जेना मेन्टल हॉस्पिटल में भर्ती कराया गया। जेना मेन्टल हॉस्पिटल के डॉक्टरों ने बताया कि नीत्शे 11 वर्षों से पागलपन से गुज़र रहे हैं। नीत्शे की इस स्थिति को समझने के लिए एंग्लो नॉर्वेजियन लेखिका "सू प्राइडाक्स" की पुस्तक "आई एम डायनामाइट" जो कि फ्रेडरिक नीत्शे की जीवनी है। इस पुस्तक के एक उद्धरण पर दृष्टिपात करना बेहद जरूरी है। उद्धरण कुछ इस प्रकार है कि

"जब नीत्शे 26 वर्ष के थे उन्हें पेचिश और डिप्थीरिया बीमारी ने जकड़ लिया था। इसके उपचार के लिए नीत्शे जिन दवाओं को खाते थे उन दवाओं के कारण नीत्शे की आंत खराब हो गई। इसके बाद नीत्शे ने नशीले पदार्थों का सेवन करना शुरू कर दिया। ताकि उन्हें दर्द से थोड़ी देर के लिए ही पर आराम मिले। हालांकि नशीले पदार्थों के कारण वह शारीरिक रूप से कमजोर हो गए। इसके साथ ही उन्हें कई तरह की बीमारियां हो गईं। जिसकी वजह से वह न ठीक से सो पाते, न ही ठीक से खा पाते और न ही चैन से रह पाते थे। इस परेशानी से बचने के लिए नीत्शे ने नींद की गोलियों का सेवन करना शुरू कर दिया। हालांकि इसके कारण नीत्शे उल्टी, भ्रम, मिथ्याभास, उलझन, सांस लेने में परेशानी और हृदत का ठीक से काम न करने की तकलीफों से जूझने लगे।"

नीत्शे के पागल होने के एक साल बाद नीत्शे के दोस्त पीटर गास्ट नीत्शे से मिलने जेना पागलखाने में गए। नीत्शे से मिलने के बाद पीटर गास्ट ने कहा कि "वह बहुत बीमार नहीं लग रहे थे। मुझे विश्वास है कि नीत्शे एक ऐसे व्यक्ति हैं जो खुद को पानी की गहराई में ले जा रहे हैं और तभी किसी पागल बचावकर्मी उन्हें पानी से बाहर खींच लिया हो। मैंने देखा कि नीत्शे एक ऐसी अवस्था में हैं जिसमें वह बस पागल होने का नाटक कर रहे हों।

फ्रेडरिक नीत्शे के पागलपन के पीछे सिर्फ नर्वस डिसऑर्डर ही मुख्य वजह नहीं थी बल्कि नीत्शे को डिमेंशिया और न्यूरोसिफिलिस की बीमारी भी थी। डिमेंशिया की बीमारी में व्यक्ति की याददाश्त कमजोर हो जाती है। जिसके कारण वह अपने दैनिक कार्यों को भी सही ढंग से पूर्ण नहीं कर पाता है। इस तरह से व्यक्ति इस बीमारी में मनोभ्रंश की स्थिति से गुज़रने लगता है। दूसरी बीमारी न्यूरोसिफिलिस असुरक्षित यौन संबंध तथा मादक पदार्थों के सेवन करने से होती है। यह बीमारी 20 से 25 वर्ष के लोगों में होती है। यह सिफलिस बीमारी के उपचार न करने पर लंबे समय के बाद उत्पन्न होती है।

साल 2003 में अमेरिकी मनोवैज्ञानिक लियोनार्ड साक्स ने नीत्शे के पागलपन और मानसिक स्थिति पर ध्यान दिया और कहा कि "नीत्शे का पागलपन उनके दिमाग के दाहिने ऑप्टिक्स नर्व में धीरे धीरे विकसित होने वाले ट्यूमर का परिणाम है।" हालांकि दार्शनिक जूलियन यंग ने लियोनार्ड साक्स की बात का खंडन करते हुए कहा कि "यह तथ्य ठोस नहीं है, क्योंकि इस तथ्य को सत्यापित करने के लिए ठोस तथा पर्याप्त सबूत नहीं हैं। इसके साथ ही नीत्शे

की तस्वीरों में कहीं पर भी आंखों, पुतलियों और मस्तिष्क के किसी भी भाग के आकार में वृद्धि के संकेत नहीं हैं।" और इस कथन के निष्कर्ष में जूलियन यंग लिखते हैं कि "यह प्रतीत होता है कि लियोनार्ड साक्स का ब्रेन ट्यूमर डायग्नोसिस सिफलिस की बीमारी के मुकाबले सत्य नहीं है, क्योंकि नीत्शे के शरीर के परीक्षण में सैद्धांतिक सम्भावनाएं और शव परीक्षण करने में आधुनिक तकनीक यह नहीं मानेगी कि नीत्शे की मानसिक हालात कोई विकृति विज्ञान में अंतर्निहित भौतिक की वजह से है। इसलिए नीत्शे के पागलपन के पीछे सबसे अधिक सम्भावना पूर्ण रूप से मानसिक स्थिति है।"

नीत्शे के अंतिम दिनों में नीत्शे की देखभाल नीत्शे की माँ और उनकी छोटी बहन ने किया। नीत्शे अपने जीवन के अंतिम दिनों में भी लिखते रहे। लेखन की दृष्टि से नीत्शे ने अंतिम दिनों में पत्र लिखा। जिनमें से सबसे अधिक पत्र उन्होंने अपने दोस्त फ्रांज ओवरबेक को लिखा था। हालांकि नीत्शे ने जब कविताएं लिखा तो वह भी उन्होंने अपने दोस्त फ्रांज ओवरबेक को ही भेजा। नीत्शे को और गहराई से समझने के लिए नीत्शे के पत्रों को पढ़ना बेहद ही आवश्यक है। नीत्शे ने अनेकों पत्र लिखें और उन पत्रों में नीत्शे ने अपनी मानसिक और सामाजिक स्थिति का ज़िक्र किया।

नीत्शे एक पत्र में लिखते हैं कि "यद्यपि मैं 55 वर्ष का हो गया हूँ और मैंने लगभग 45 पुस्तकें लिखीं हैं, लेकिन अभी तक कोई पुस्तक न ही लोकप्रिय हो पाई और न ही किसी भी पुस्तक की किसी ने समीक्षा या टीका टिप्पणी की है। यह सच्चाई मुझे भयंकर रूप से डराती है कि इन 15 सालों में एक भी व्यक्ति ने मेरी खोज खबर नहीं ली, किसी

को मेरी जरूरत नहीं पड़ी, किसी ने मुझे प्रेम नहीं किया। कितनी मुश्किल और दुर्लभ से एक परिचित आवाज़ मुझ तक पहुँचती है। मैं अब अकेला हूँ, बेतुकेपन से अकेला। मैंने कई सालों से कोई राहत पहुँचाने वाला शब्द नहीं सुना, किसी की भावनाओं की मुझ पर एक बूंद नहीं गिरी, मुझे प्रेम की एक सांस नहीं मिली।"

फ्रेडरिक नीत्शे ने कभी शादी नहीं की, हालांकि उन्होंने लो एंड्रियास सैलोमे के सम्मुख तीन बार प्रेम करने की इच्छा प्रकट की लेकिन सैलोमे ने तीनों ही बार इंकार कर दिया। नीत्शे की मानसिकता और शारीरिक स्थिति का मुख्य कारण दुःख, पीड़ा, भयावह अकेलापन, बीमारी और असफलता थी। दुःख, पीड़ा, हताशा, निराशा और भयावह अकेलापन यह सभी उसे समाज ने ही दिया। लेकिन नीत्शे इनसे हारे नहीं बल्कि इन्हीं को ज़रिया बनाकर अपने विचारों में दार्शनिक चेतना का विकास किया और 25 अगस्त 1900 में जर्मनी के वेमर शहर में मृत्यु के उपरांत विश्व में एक महान दार्शनिक के रूप में विख्यात हो गए।

जीवनभर दुःख, एकांत, निराशा, हताशा और बीमारी से जूझने वाले नीत्शे की मानव सभ्यता को उद्देलित कर देने वाली पुस्तकें जो उनके जीवित रहते हुए नहीं बिकती थीं। वर्तमान समय में हाथों हाथ बिकती हैं। नीत्शे की पुस्तकों पर चर्चाएं होती हैं। फ्रेडरिक नीत्शे की पुस्तकों पर शोध किया जाता है। जिस फ्रेडरिक नीत्शे को लोग पागल कहते थे। उसी फ्रेडरिक नीत्शे का नाम बड़े बड़े विद्वान सम्मान और गरिमापूर्ण तरीके से लेते हैं।

फ्रेडरिक नीत्शे की प्रसिद्ध पुस्तकें:- बियॉन्ड गुड एन्ड ईविल (1886), थस स्पोक ज़रथुस्ट चार खंडों में प्रकाशित (1883

से 1885), ऑन द जॉनोलॉजी ऑफ मोरल्स (1887), ट्विलाइट ऑफ द इडोलस (1889), द गे साइंस (1882), द एन्टी क्राइस्ट (1895), एको होमो (1908)

2. आवारा

रात्रि में एक आवारा कृतसंकल्प होकर चलता है
घुमावदार घाटियों और विशाल पहाड़ों के बीच
सभी को पार करते हुए
रात्रि बेहद खूबसूरत है
वह चलता रहता और कभी आराम नहीं करता है
बिना यह जाने कि उसका रास्ता उसे कहाँ ले जाएगा।

❧❧❧

तभी एक चिड़िया रात्रि में गीत गाती है
ओह! चिड़िया
तुम क्या कर रही हो
तुम मेरे मस्तिष्क और पैरों में क्यों बाधा डाल रही हो
और हृदय की मधुर परेशानियां
मुझ पर क्यों उड़ेल रही हो
इससे मैं अवश्य खड़ा हो जाऊं
और सुनूं

❧❧❧

मुझे अपने स्वागत गीत से क्यों लुभा रही हो?
अच्छी चिड़िया ख़ामोश हो जाती है और कहती है;
नहीं, आवारा नहीं
मैं तुम्हें लुभा नहीं रहीं हूँ
अपनी इस तरह की आवाज़ों से

मैं एक छोटी मादा को लुभा रही हूँ
जो पहाड़ों में रहती है
इससे तुम्हें क्या?
यह रात मेरे लिए बिल्कुल भी खूबसूरत नहीं है
जब मैं अकेली होती हूँ
इससे तुम्हें क्या?
तुम अवश्य चलो और कभी कभी शिथिल खड़े रहना
तुम वहाँ अभी तक खड़े क्यों हो?
मेरे मधुर आवाज़ ने तुम्हारे साथ क्या किया
आवारा आदमी?

❧❧❧

अच्छी चिड़िया ख़ामोश हो गई और सोचने लगी
मेरे मधुर आवाज़ ने उसके साथ क्या किया?
वह अभी तक वहाँ क्यों खड़ा है?
लाचार, लाचार
आवारा आदमी।

3. हिमानी

दोपहर में, जब
ग्रीष्म सबसे पहले पहाड़ों में उगता है
थके-मांदे आंखों वाला लड़का
वहाँ
वह भी कहता है
लेकिन हम सिर्फ उसका भाषण देखते हैं
उसकी सांसे ऐसे बहती हैं
जैसे एक अज्ञात सांस बहती है
तपिश रात्रि में
बर्फ़ीले पहाड़, आग और वसंत
उसे उत्तर देते हैं
लेकिन हम सिर्फ उत्तर देख पाते हैं
जैसे
अभिवादन के तौर पर
धारा की बूंदें
पर्वतों से गिरती हैं
और खड़ी हो जाती हैं
वहाँ सुनने
एक सफेद स्तम्भ की भांति
और आग
और अधिक गम्भीर और विश्वसनीय हो जाती है
जैसे वह हमेशा दिखती है
उसके मुकाबले

और बर्फ़ और धूसर पत्थरों के बीच
अचानक रोशनी चमकती है
मैंने इस तरह की रोशनी पहले से देखा है
मुझे एहसास हुआ।

❧❧❧

एक मृत आदमी की आंख की भांति
एक बार फिर चमकेंगे
जब उसका शोकाकुल बच्चा
उसे गले लगायेग
थामे रखेगा और उसे चूम लेगा
एक बार फिर
मृत आंखें लहराती हैं
आग की लपटें
चमकती हैं
बोलो; बच्चा
ओह! बच्चे
तुम जानते हो
मैं तुमसे प्रेम करता हूँ
और सभी चमकते और कहते हैं
बर्फ़ीला पर्वत, जल धारा और आग—
हम तुमसे प्रेम करते हैं
ओह! बच्चे
तुम जानते हो हम शिद्दत से प्रेम करते हैं।

❧❧❧

और वह

थके-मांदे आंखों वाला लड़का
वह उन्हें शोकाकुल अवस्था में चूमता है
तीव्र लालसा के साथ
और वह नहीं जायेगा
वह अपने शब्दों को ऐसे लहराता है
जैसे घाटी अपने मुँह से
उसके शोकाकुल शब्द
मेरा अलविदा अभिवादन
मेरे चहेते जा रहे हैं
मैं तरुण मरूंगा।

❧❧❧

फिर वह यह अपने चारों ओर सुनता है
और मुश्किल से सांस लेता है
कोई चिड़िया नहीं गाती है
फिर कपकपी
यह थरथरा देती है बर्फ़ीले पर्वत की भांति
चारों ओर सब जगह
वहाँ वह सोचता है
और ख़ामोश रहता है।

❧❧❧

यह लगभग दोपहर था
लगभग दोपहर
जब ग्रीष्म पहले पहाड़ों में उगा
थके-मांदे आंखों वाला लड़का।

4. मुक्त आत्मा

अलविदा

❧ ❧ ❧

कौवे कावं कावं करते हैं
और शहर पर मंडराते हैं;
जल्द ही बर्फ़ पड़ेगी
वह खुश हैं—जिनके पास अभी तक घर है।

❧ ❧ ❧

अब तुम तनकर खड़े हो जाओ
पीछे की ओर एकटक देखते हुए
हाय!
कितने लंबे समय के लिए
क्यों, मूर्ख
तुमने सर्दी से अपना जी चुराया।

❧ ❧ ❧

संसार—एक दरवाजा है
हज़ारों ख़ामोश और ठंडे बंजरभूमि के लिए
जो भी खो गया है
तुमने क्या खोया है
कभी भी कहीं भी रुको मत।

❧ ❧ ❧

अब तुम पियराये खड़े हो
सर्दियों में घूमने के लिए
शापित
धुंध की भांति
जो हमेशा ठंडा आकाश तलाशता है।

उड़ती चिड़िया
बाहर आती है
तुम्हारा गीत एक धुन है
बंजरभूमि की चिड़िया के लिए
छुपाओ, मूर्ख
अपने लहूलुहान हृदय को बर्फ़ और बदनामी में।

उड़ती चिड़िया

कौंवे कावं कावं करते हैं
और शहर पर मंडराते हैं
जल्द ही बर्फ़ पड़ेगी
सदा मुसीबत में रहते हैं—जिनके पास घर नहीं है।

उत्तर

ईश्वर की दया
इसका मतलब है

मैं लौटने के लिए बेताब हूँ
जर्मन गर्मजोशी में
गंध से भरी जर्मन की खुशी में।

❦❦❦

मेरे दोस्त
यहाँ तुम्हारी बुद्धि ने मुझे आश्चर्यचकित कर दिया है
आप पर दया आती है
दयनीय जर्मन प्रतिद्वंद्वी।

5. बेघर

तेज़ घोड़े मुझे ढ़ोते हैं
बिना डरे और कांपे
दूरस्थ जगह से
और जो कोई भी मुझे देखता है—मुझे जानता है,
और जो कोई भी मुझे जानता है,
मुझे कहता है—बेघर आदमी!

❧❧❧

कोई नहीं होगा
जो साहस करे
यह पूछने का कि
मेरा घर कहाँ है

❧❧❧

मैं कभी भी संसार और क्षणभंगुर समय में नहीं बंधा
मैं वैसे उन्मुक्त हूँ
जैसे एक चील!

6. ऊंचे पर्वतों से

ओ! जिंदगी की दोपहर
ओ! उत्सव का समय
ओ! ग्रीष्म का बगीचा
बेचैन खुशी
खड़े, ताकते और इंतजार करते हुए
मैं दिन रात दोस्त का इंतजार करता हूँ
तुम कहा हो दोस्त?
आओ!
यही समय है
यही समय है।

❧❧❧

यह क्या तुम्हारे लिए नहीं था कि
आज स्लेटी बर्फ़ीले पहाड़ों ने खुद को गुलाबों से सजाया
है?
जलधारा तुम्हें तलाशती है
लालसा से
तेज हवा और बादल अब ऊंचे नीले आकाश की ओर
धकेलते हैं
ताकि तुम्हारी पक्षी की ऊंचाई से तलाश करूँ

❧❧❧

ऊंचाई पर तुम्हारे स्वागत के लिए सब तैयार है

तुम जो तारों के बेहद करीब रहती हो
गहरी ग्लानि के आस पास?
मेरी प्रभुता—मेरी प्रभुता आगे फैलेगी?
और मेरा शहद—किसने इसे चखा?

❧ ❧ ❧

वहाँ तुम हो
दोस्त
हाय! लेकिन मैं वह नहीं हूँ
जिसे तुम चाहते थे?
तुमने संकोच किया
हैरान हुए
ओह! तुम बिल्कुल गूंगे हो
मैं वैसा नहीं हूँ?
हाथ, चेहरा, चाल बदल गई?
और मैं क्या हूँ
तुम्हारे लिए दोस्त—मैं नहीं हूँ?

❧ ❧ ❧

क्या मैं कोई और हूँ?
खुद के लिए एक अजनबी?
एक पहलवान
जो अक्सर खुद ही थक जाता है?
जो अक्सर खुद की ताकत से जूझता है
घायल और रुका हुआ
अपनी ही विजय से?

❧ ❧ ❧

मैंने तलाशा जहाँ तेज़ तर्रार हवा बहती है?
मैंने जीना सीखा
जहाँ कोई नहीं रहता है
उजाड़ और अवसादग्रस्त जगहों पर
बेवकूफ आदमी और ईश्वर
श्राप और प्रार्थना?
एक भूत बन जाता हूँ
जो बर्फ़ीले पहाड़ों को पार करता है?

❧❧❧

मेरे पुराने दोस्त
तुम कितने पीले दिखते हो
प्रेम और डर से भरे हुए
नहीं, जाओ
तुम क्रोधित मत होना
तुम यहाँ नहीं रह सकते
यहाँ बर्फ़ और चट्टान की प्रभुता के बीच
यहाँ एक को शिकारी और साबर की तरह बनना है।

❧❧❧

मैं एक दुष्ट शिकारी बन गया हूँ
देखो तीर कितना मुड़ा हुआ है
वही शक्तिशाली है
जो अपने तीर को इस प्रकार से कमान से निकालता है
लेकिन हाय!
अब कोई तीर खतरनाक नहीं है

उस तीर की तरह
यहाँ से परे
तुम्हारे अपने भले के लिए
तुम दूर हुए
ओह! हृदय तुम बहुत जन्म ले लिए
तुम्हारी उम्मीद मजबूत रही
अपना दरवाजा नए दोस्तों के लिए खुला रखो
पुराने को जाने दो
यादों को जाने दो
एक बार तुम युवा थे
अब—तुम नौजवान हो।

❧❧❧❧

हमें एकबार किसने एक साथ बांधे रखा था?
एक उम्मीद के बंधन ने
जो अभी भी इस निशान को पढ़ता है
इस पर एक बार वर्णित हुआ था
यह धुंधला एक?
मैंने इसे लड़की से बने पत्तों से तुलना की
वह हाथ जो पकड़ने से डरा
जैसे लड़की के पत्र रंगहीन और जले हो।

❧❧❧❧

वह अब दोस्त नहीं रहे
मुझे उन्हें अब क्या कहना चाहिए?
कुछ नहीं
लेकिन भूतों के दोस्त

जो मेरे हृदय पर दस्तक देते हैं और
रात में खिड़की पर
वह मुझे देखते हैं और कहते हैं
एकबार हम दोस्त थे?
ओ! मुरझाए शब्द
कभी गुलाब की खुशबू की तरह सुगन्धित थे।

❧❧❧

ओ! युवा की लालसा
जो खुद नासमझ है
जिसके लिए मैं लालायित हूँ
वह सम्बन्धी जिन्हें मैंने अपने परिवार में बदला
वह सभी दूर चले गए
सिर्फ वही मुझमें रहे
जो बदलते रहे।

❧❧❧

ओ! जिंदगी की दोपहर
दूसरी बार जवान
ओ! ग्रीष्म का बगीचा
बेचैन खुशी
खड़े, ताकते और इंतज़ार करते हुए
मैं दिन रात दोस्त का इंतजार करता हूँ
नए दोस्त
आओ!
यही समय है
यही समय है।

❦❦❦

यह गीत समाप्त होता है
लालसा की मधुर चीख
मेरे मुँह में मर गई
एक जादूगरनी ने यह किया
दोस्त बिल्कुल सही समय पर
दोपहर का दोस्त
नहीं
मत पूछो कि वह कौन है
दोपहर में समय था
एक दो में रूपांतरित हो गया।

❦❦❦

अब हम साथ में उत्सव मनाते हैं
विजय का निश्चय
दावतों का दावत
दोस्त ज़रथुस्ट आ गया है
महमानों का महमान
अब दुनिया हंसती है
डर का पर्दा क्षणिक है
शादी आ गई है
उजाले और अंधकार के लिए।

7. उदासी से

मुझे दोष मत दो, उदासी
मैंने अपनी कलम इसलिए तराशी है
ताकि मैं तुम्हारी प्रशंसा करूँ
इसलिए नहीं कि मैं अपना सिर अपने घुटनों में छुपा लूँ
और एक पेड़ की तराशी गई
ठूठ पर एकांत में बैठ जाऊं।

❧❧❧

तुमनें मुझे अक्सर ऐसे देखा
अभी कल ही
भोर के दीप्तिमान सूर्य की गर्मी में।
एक गिद्ध ने घाटी में लालसापूर्ण चीखा था
सड़े और गले मांस के स्वप्न में।

❧❧❧

तुम असफल हुए
जंगली पक्षी
यद्यपि मैं सड़े गले मांस की भांति आराम करता रहा
तुम चूक गए
इधर से उधर भटकते हुए
भोर की गर्मी में।

❧❧❧

हालांकि मैं तुम्हारी ऊँचाई तक नहीं पहुँचा
न ही लहराते बादल अपनी छुवन के साथ पहुँचे
यह खुद में ही गहराई में डूब गए—
अपने झिलमिलाते ऊंघते रसातल में।

❧❧❧

इस प्रकार मैं अक्सर बैठता हूँ
लापरवाह
एक सरल कुटिल बलि चढ़ा
तुम्हारे साथ फिर से बुलाते हुए
उदासी
जवानी के सालों के बुरे कामों के लिए।

❧❧❧

अब मैं प्रसन्न बैठा हूँ
गिद्ध घूम रहा है
तीव्र हिमस्खलन हो रहा है
तुमने मुझसे कहा
फिर भी एक गम्भीर चेहरे के साथ
सच्चाई के साथ आदमी में धोखे की कमी है।

❧❧❧

गम्भीर देवी
बर्बर और अति गम्भीर है
तुम
अति प्रिय दोस्त
श्रेष्ठ होने की कोशिश करो

और उस बिंदु पर जहाँ गिद्ध उतरते हैं
साहस करो गड़गड़ाते हिमस्खलन के बीच नकारने की।

❧ ❧ ❧

एक भयंकर इच्छा के कशमकश में गर्जन के साथ
एक पीड़ादायक लोभ के द्वारा लाये जाने पर उसने आह!
भरी
अपने कंकड़ से भरे बिस्तर पर
लालसापूर्ण
यह फूल लालायित हैं
तितलियों के स्पर्श के लिए।

❧ ❧ ❧

यह सब मैं हूँ—कपकपी
शोषित तितली
अकेला फूल
गिद्ध और तीव्र बर्फ़ की नदी
गड़गड़ाते तूफान
सब तुम्हारे काबू में है।

❧ ❧ ❧

मैं नीचे झुका
देवी प्रफुल्लित
तुम्हारी प्रशंसा के लिए
बिना संघर्ष के प्रार्थना सुनना
सिर से लेकर घुटने तक
यह भयानक मंत्र

इसके बाद मुझे किसकी तृष्णा है
जीवन के लिए
जीवन, जीवन, जीवन, जीवन।

❧❧❧

मुझे दोष मत दो
क्रोधित देवता
यह तुम हो
सौम्य शब्दों से
जिसे मैंने सजाया है
तुम्हारी तरफ बढ़ता हुआ
कांपता और भयभीत चेहरा
ज्यों तुम नीचे गए
एक बुरी शक्ति पैदा हुई।

❧❧❧

यहाँ मैं प्रसंशा की गीतों में हकलाता हूँ
शब्दों के उच्चारण के तरीकों में और कांपने में भी
स्याही बहती है और फैलती है
अब मुझे छोड़ दो
देवी—मुझे जाने दो।

8. पतझड़

यह पतझड़ है
सूर्य पहाड़ों के साथ चलता है
और ऊपर चढ़ता है
और हर कदम पर आराम करता है
हवा अपना संगीत बजाती है
आशाएं बह जाती हैं
वह उससे विनती करता है
ओ! पेड़ के फल
हिले
तुम गिरे
क्या एकांत का राज़ रात्रि ने तुमसे कहा?
भयानक बर्फ़ तुम्हारे गालों पर
परत की तरह चढ़ रही है
तुम्हारे गहरे लाल गाल?
मैं सुंदर नहीं हूँ
तारा फूल यही कहती है
लेकिन मैं लोगों से प्यार करता हूँ
वे अब फूलों को देख सकते हैं
मेरी ओर झुककर
उनकी आंखों में फिर चमकता है
अति सुंदर वस्तुओं की यादें और आनंद

मैंने यह देखा और फिर मर गया
और खुशी से मरा
यह पतझड़ है।

• 34 •

9. विषाक्त

मेरी इंद्रियों के लिए भयावह है
लार बहाते सहचर
मैं पहले ही भागा
मैं कहाँ भागूं?
क्या मैं लहरों में कूद जाऊं?

❧ ❧ ❧

हर महीने लगातार पीछा किया
हर गला गिड़गिड़ा रहा है
दीवार और सतह हमेशा फैले रहे
लारयुक्त आत्माओं पर अभिशाप।

❧ ❧ ❧

मैं दुष्टतापूर्ण और साधारण तरीके से रहना पसंद करता हूँ
छत की ऊंचाई पर एक मुक्त पक्षी
चोरों के समूह की तुलना में
शपथ और शादियां टूटती हैं।

❧ ❧ ❧

जब वह बोलती है
संस्कृति को कोसती है
पुण्य की क्रमागत को कोसती है
यहाँ तक जो शुद्ध पवित्रता है

वह भी अपने मुँह में सोना
नहीं पहनता है।

वह भी अपने मुँह में सोना
नहीं पहनता है।

10. गड़गड़ाहट

आज तुम धुंध की चादर की भांति
मेरी खिड़की के चारों ओर लटके हो
काले बादलों के देवता
पीले झुर्रिदार भयावह रूप से मंडराते हुए
क्रोधित दहाड़ती जलधारा को।

ओ! तुम्हारी रोशनी की अचानक चमचमाहट के बीच
जब तुम्हारा अदम्य गड़गड़ाहट घाटियों में फूटता है
विषाक्त और विषैला हो जाता है
तुम्हारा मृत्यु-जल
जादूगरी का काढ़ा था।

आधी रात में
कपकपी
तुम्हारी लम्बी चीखें
मुझे एक झटके के साथ जगा दी
तुम पहुँची
दीप्तिमान आंखों के साथ
चुभते हुए गड़गड़ाहट के लिए।

अंत में
मेरे खाली बिस्तर की ओर भागी
बख्तरबंद
हथियारों के साथ
तुमने अपना कवच कांच पर पटका
और कहा—अब सुनो मैं क्या हूँ।

मैं अमेज़न नदी हूँ
शाश्वत और महान
न पक्षी
न कमजोर और जनाना की भांति हूँ
योद्धा जो बदनाम और नफ़रती है
विजेता और बाघिन एक समान है।

जहाँ मैं चला
मैंने शवों को रौंदा
मेरे मष्तिष्क में विषाक्त
विचार बहते हैं
गंदे भयानक आंखों के साथ
मैं मशालें उछालता हूँ
अब घुटने टेको
कीड़े की तरह—प्रार्थना करो
या पागलपन की चमक में पिघल जाओ।

11. घुमक्कड़

रात्रि में एक घुमक्कड़
कृतसंकल्प चलता है
घुमावदार घाटी और विशाल पहाड़ों के बीच
सभी को पार करते हुए
रात्रि बेहद खूबसूरत है
वह चलता रहता है
और कभी आराम नहीं करता है
बिना यह जाने कि उसका रास्ता उसे कहाँ ले जाएगा।

❧❧❧

तभी एक चिड़िया रात्रि में गीत गाती है
ओह! चिड़िया
तुम क्या कर रही हो?
तुम मेरे मष्तिष्क और मेरे पैरों में क्यों बाधा डाल रही हो
और हृदय की मधुर पीड़ाएं मुझ पर क्यों उड़ेल रही हो
इस प्रकार मैं अवश्य खड़ा हो जाऊं और सुनूं
तुम्हारी पवित्र और स्वागत गीत?

❧❧❧

अच्छी चिड़िया ख़ामोशी पड़ जाती है और कहती है;
नहीं घुमक्कड़, नहीं
मैं अपनी आवाज़ से तुम्हारा
स्वागत नहीं करती हूँ

मैं गाती हूँ क्योंकि यह रात्रि बेहद खूबसूरत है
लेकिन तुम्हें हमेशा किसी के साथ चलना चाहिए
और मेरे गीतों को कभी भी मत समझना
इसलिए चले जाओ
अभी—
जब तुम्हारे पदचाप केवल दूर से सुनाई दें
मैं फिर से अपनी रात्रि का गीत गाऊंगी
उतना बेहतर जितना मैं गा सकूं

अलविदा—लाचार घुमक्कड़ आदमी।

12. दोपहर

दोपहर में, जब
तरुण ग्रीष्म पहाड़ों में उभरा
वहाँ भी उसने कहा
लेकिन हमनें सिर्फ उसकी व्याख्या देखी
उसकी लहराती सांसे
उन्मुक्त बर्फ़ीले ठंड में
बर्फ़ीले पहाड़, आग और वसंत
उसे उत्तर दे रहे हों
लेकिन हमनें सिर्फ उत्तर सुना
जैसे अभिवादन के तौर पर
धारा की बूंदें
पर्वतों से गिरती हैं
और खड़ी हो जाती हैं
वहाँ सुनने
एक सफेद स्तम्भ की भांति
और आग और अधिक आग और विश्वसनीय हो जाती है
जैसा वह हमेशा दिखती है
उसके मुकाबले
और बर्फ़ और धूसर पत्थरों के बीच
अचानक रोशनी चमकती है;
इसकी व्याख्या तुम्हें कौन करेगा?
मृत व्यक्ति की आँखों में
एक बार फिर रोशनी होगी

उसका शोकाकुल बच्चा उसे आलिंगन करेगा
उसे चूमेगा
उसकी आंख में रोशनी के लिए कहते हैं;
"मैं तुमसे प्रेम करता हूँ"
और बर्फ़ीला पहाड़ और जलधारा और आग भी प्रकट करते
हैं
सिर्फ ग्रीष्म के बच्चे के लिए
एक एकल काव्यांश
हम तुमसे प्रेम करते हैं
हम तुमसे प्रेम करते हैं
और वह उसे चूमते हैं
शोकाकुल भाव से और निरन्तर ललक के साथ
और वह नहीं जाएंगे
उसने अपने शब्दों को कहा
घाटी की प्रवाह की भांति
अपने मुँह से—एक क्षतिकर शब्द
फिर यह सभी जगह सुना जाता है
और कठिनाई से सांस लेता है
फिर वह कांपता है
गड़गड़ाता है
जैसे एक चमाचम पहाड़
प्रकृति के चारों ओर
सोचता है और शांत करता है
यह लगभग दोपहर था
मेरा अभिवादन अलविदा है
मैं तरुण मरूंगा।

13. शब्द

मैं इस जीवंत शब्द से भली भांति परिचित हूँ
यह बेहद आनंदमय है
एक दूसरे का अभिवादन झुककर करते हैं
अपने भद्देपन में भी प्यारा है
उत्साह से भरा अत्यधिक घुटन
फिर पक्षियों के कानों तक में रेंगते हैं
अब घूमते और फड़फड़ाते हैं
और यह क्या करते हैं
शब्द प्रसन्न होते हैं
लेकिन शब्द एक सौम्य प्राणी ही रह जाते हैं
एक बार बीमार और फिर जल्द ही ठीक
यदि तुम इसका सूक्ष्म जीवन बचाना चाहते हो
तुम्हें इसे सभ्यता और सौम्यता से पकड़ना होगा
न कि भींचना और रूखेपन से छूना
फिर भी अक्सर यह गुस्से से मर जाता है
और फिर वहाँ
यह झूठ है, कितना कुरूप, कितना भावहीन
कितना लाचार और बेबस
इसका सूक्ष्म शव भयावह रूप से बदला
मौत और मृत्यु से दुर्व्यवहार किया
एक मरा शब्द—एक कुरूप चीज़ है
एक सूखी हकलाहट
उन सभी कुरुप लेनदेन का धिक्कार करो

जो बड़े और छोटे को मौत की ओर ले जाता है।

14. जर्मन नवम्बर

यह पतझड़ है
यह तुम्हारे हृदय पर कुठाराघात करता है
उड़ जाता है
उड़ जाता है
सूर्य पहाड़ों के साथ रेंगता है
और उगता है और उगता है
और हर कदम पर आराम करता है
यह दुनिया इतना मुझी कैसे गई है
बुने, तने धागों पर
हवा का झोंका अपना संगीत
बजाता है
आशा चली गई—वह उससे विनती करता है।

❧❧❧

यह पतझड़ है
यह तुम्हारे हृदय पर कुठाराघात करता है
उड़ जाता है
उड़ जाता है
ओह! पेड़ के फल
हिले, तुम गिरे?
एकांत रात्रि ने तुम्हें क्या राज़ सिखाया
वह भयावह बर्फ़ीला तुम्हारे गालों पर
तुम्हारे गहरे लाल गालों पर?

तुम ख़ामोश हो
जवाब नहीं देते?
कौन अभी भी बोलता है?

यह पतझड़ है
यह तुम्हारे हृदय पर कुठाराघात करता है
उड़ जाता है
उड़ जाता है

यह जो फूल कहते हैं
लेकिन मैं लोगों से प्रेम करता हूँ
और लोगों को आराम देता हूँ

उन्हें अब फूल देखना चाहिए
मेरी ओर झुककर
अहा! और मुझे तोड़ दें
यादें फिर चमकती हैं
उनकी आंखों में
चीज़ों की यादें मुझसे भी खूबसूरत
मैं देखता हूँ
मैं देखता हूँ—और इस प्रकार मरता हूँ

यह पतझड़ है

यह तुम्हारे हृदय पर कुठाराघात करता है
उड़ जाता है
उड़ जाता है।

15. निर्लज्ज ख़ामोशी

पाँच कान—और उनमें कोई आवाज़ नहीं
संसार बहरा है...
मैंने अपनी उत्सुकता की कानों से सुना;
पाँच बार मछली पकड़ने वाली रस्सी मेरे ऊपर से गुज़री
पाँच बार मैंने एक भी मछली ऊपर नहीं खींचा
मैंने पूछा—कोई जवाब मुझ तक न मेरे जाल तक आया
मैंने प्रेम के कानों से सुना।

16. असली जर्मन

हमारे लोग पाखण्डी होते जा रहे हैं
उसने कहा

❧❧❧

मैं तुम्हारे प्रति सच्चा रहूंगा
इसमें कोई संदेह नहीं है

❧❧❧

और फिर उसे
एक तेज़ चलने वाले जहाज से ले जाया गया था

❧❧❧

कॉस्मोपॉलिस
उसके गंतव्य तक

17. संसार

यह संसार धीरे धीरे अत्यधिक कुटिल नहीं होता जा रहा
है?
सभी ईसाई सौदेबाज़ी कर रहे हैं
फ्रांसीसी इसमें अधिक निपुण होते जा रहे हैं
और जर्मनवासी—
रोज़ चापलूसी करते हैं।

18. घोषणा

जिसके पास एक दिन घोषणा करने के लिए बहुत कुछ है
वह ख़ामोशी में अपने भीतर बहुत कुछ रखता है
जिसे एक दिन दीप प्रज्वलित करना है
उसे बहुत समय तक एक बादल होना होगा

19. चीड़ और आकाशीय रोशनी

आदमियों और जानवरों से
मैं अधिक लम्बा और विकसित हुआ
अब जब मैं बोलता हूँ—
मेरे साथ कोई भी नहीं बोलता है।
मैं बहुत ऊँचा लम्बा और अकेले बड़ा हुआ—
मैंने प्रतीक्षा की;
क्या मैं अकेले प्रतीक्षा करता?
बादलों के समीप
बादल बढ़ रहे हैं
मैंने पहली आकाशीय रोशनी तक प्रतीक्षा किया।

20. पफ़ोर्टा

नम्बर्ग के करीब
खुशनुमा वादियों में
वहाँ कुछ आकर्षक स्थान हैं
लेकिन मेरे लिए उनमें से सबसे आकर्षक
पफ़ोर्टा है।

***

एक बार मैं हरी पहाड़ियों पर
खड़ा था।
जो सूर्य की किरणों से
स्वर्ण प्रतीत होता है।
जैसे ही मैंने घाटी में झांका
घाटी हरा परिधान पहने
सफेद धुंध की चादर ओढ़े थी।

***

अचानक एक प्रिय
आवाज़ मेरी तरफ आई
आराम करने को स्मरण कराने

***

तारे अत्यधिक चमकते हैं
वे हमें सुनहरे कक्ष की ओर

खींचते हैं।
स्वर्ग के पहरेदारों की तरह
हमें शान्तिपूर्वक देखते हुए।

❧❧❧

वे प्रिय शान्ति में निवास करते हैं—
और पफ़ोर्टा धुंध की चारदीवारी में निवास करता है
मद्धिम रौशनी से
प्रबुद्ध होता है
वर्णक्रिय आकार में

❧❧❧

मैं भूल नहीं सकता
यह जो शानदार प्रभाव बना
क्यों मैं उसी जगह खींचा चला गया?
यह सब कुछ मैं समझ नहीं पाता हूँ।

21. सुंदर सपने चले गए

सुंदर सपने चले गए
अतीत चला गया
वर्तमान विषाक्त है
दूरस्थ भविष्य धूसर है।

❦❦❦❦

कभी जीवन के आनंद और खुशी का अनुभव नहीं किया
मैंने निराशाजनक भाव से पीछे देखा
लंबे गायब समय को।

❦❦❦❦

मैं नहीं जानता
मुझे क्या प्रिय है
मुझे न शांति मिली न ही आराम।

❦❦❦❦

मैं नहीं जानता
मैं क्या विश्वास करता हूँ
मैं अभी तक क्यों जिंदा हूँ?
किस लिए?

❦❦❦❦

मैं मरना चाहूंगा—मरना

एक हरे मैदान के ऊपर ऊँघना
बादल मेरे ऊपर से बहें
जंगल का एकांत मेरे इर्दगिर्द हो।

❦❦❦❦

ब्रह्मांड का शाश्वत चक्र
वृत्ताकार घूमता है
पृथ्वी का जंग लगा हुआ लचक
लगातार खुदको ऊपर बहाता है।

❦❦❦❦

ऐसे उड़ना कैसा है
घूमने वाली गेंद के चारों ओर
हवा की तरह
चुपचाप हर कोने में
शांत और ऊँचे अंतरिक्ष में।

❦❦❦❦

कितना अच्छा है
घूमते सर्वत्र विश्व को ढक लेना
और उसके बाद विश्व की
परिधि पर समाधि परिधि लिखना।

❦❦❦❦

मेरे पेट की गर्त में
अनन्त तक सत्यापित करने को बाध्य होऊंगा
हज़ारों कारणों के साथ कहूंगा कि

संसार और समय सीमित है।

22. घूमने के लिए

घूमने के लिए
घूमने के लिए
उन्मुक्त रूप से
विस्तृत संसार में
टोपी पर हरी पट्टी और कोट के साथ।

जब मैंने छोटी घण्टी उछाली
एक कोमल आवाज़ आई
कितनी विनम्र
मेरी बालों की चोटियों में स्पंदन हुआ
मेरे गर्दन के इर्दगिर्द
हवा में।

मैंने हिरण को देखा
कितना प्यारा है जंगल में
मैं बेहद उदास हो गया
यह भी जल्द ही भुला दिया जाएगा।

एक खुशबूदार छोटा गुलाब
झाड़ियों में खिला

मैंने छोटे गुलाब को चूमा
और थोड़ा रोया।

❧❧❧

खुशी से
हवा के झोंके के रूप में
और हृदय से एक ख़्वाब उमड़ता है
वृक्ष पर खिलता है
नीचे ज़मीन पर झरता है
वृक्ष से।

❧❧❧

घूमने के लिए
घूमने के लिए
उन्मुक्त रूप से
विस्तृत संसार में
टोपी पर हरी पट्टी और कोट के साथ।

23. एकबार फिर

एकबार फिर
मैं आगे बढ़ूं
और अपनी झलक आगे भेजूं
अकेला
मैंने अपना हाथ तुम्हारी ओर बढ़ाया
जिसकी तरफ मैं भागता हूँ
जिसके लिए
मेरे हृदय की गहराई में
सत्यनिष्ठ पवित्र वेदियां हैं।

इसी तरह
हमेशा से
उसकी आवाज़ मुझे फिर बुलाएगी।

जो शब्द उसको गहराई से सुशोभित करते हैं
चमकते हैं—
अज्ञात ईश्वर के लिए।

मैं उसका हूँ
यद्यपि अभी तक मैं पापियों की संगति में रहा हूँ

मैं उसका हूँ—
और मैं महसूस करता हूँ कि
फांसी के फंदे की रस्सी
मुझे नीचे संघर्षों की ओर खींचती है
और मुझे भाग जाना चाहिए
तब भी वह मुझे अपनी सेवा में धकेलती है।

❧❧❧

मैं तुम्हें जानना चाहता हूँ
अनजान
तुम जो मेरी आत्मा की गहराई में पहुँच गए हो
मेरी जिंदगी में तूफान की तरह भटकते हुए
तुम जो समझ से परे हो
मेरे सादृश्य हो
यहाँ तक कि तुम्हारी सेवा करना भी।

24. बेसल में

बेसल में
मैं निर्भीक खड़ा रहा
फिर भी वहाँ एकांत— भगवान को दया आये
और मैं चिल्लाया—होमर! होमर!
अतएव सब परेशान हो गए
वे चर्च गए और फिर घर गए
और तीव्र चीखने वाले पर हंसे

❧❧❧

अब मैं इसका बुरा नहीं मानता
बेहतरीन दर्शक मेरी
होमर की चीख बड़ी ही शांति और धैर्य के साथ सुनते हैं।

❧❧❧

इस उल्लास से भरे दयालुता के लिए
एक तोहफे के तौर पर
यहाँ मेरा लिखित शुक्रिया है।

25. तीसरा सायबान

मेरी त्वचा पहले से ही झुर्रिदार और फटी हुई है
पहले से ही नई इच्छाओं के लिए लालायित है
इसने पहले से ही धरती का पेट भर लिया है
मेरे भीतर का सांप इसके लिए लालायित होता है।

पहले से ही मैं पत्थरों और घास के बीच रेंगा हूँ
एक तुड़ी मुड़ी पटरी पर भूखा
खाने के लिए
जो हमेशा ही खाता आया हूँ
तुम सांप के निवाले
तुम पृथ्वी।

26. कोलम्बस

वहाँ मैं जाऊंगा
और रुक जाऊंगा
खुद पर और अपनी पकड़ पर भरोसा है
समुद्र खुला है
गहराई में
मेरा जिनोइस जहाज तैरता है।

❧❧❧

हर चीज़ और भी अधिक नई है
जिनोआ ने मेरी पीठ पीछे झूठ कहा
साहस, पतवार जो तुम खे रहे हो
शानदार, विजय।

27. जुड़वा

एक घर से एक जोड़ा जुड़वा साहसपूर्वक संसार में चले
गए,
दुनिया से ड्रैगन को अलग करने के लिए।

পিता ने कहा,
यह एक चमत्कार था।

लेकिन जुड़वा की माँ ने कहा,
यह दोस्ती है।

28. विज्ञान

यह कोई किताब नहीं;
किताबें क्या महत्व रखती हैं
इन ताबूतों और कफनों के लिए
अतीत किताबों का शिकार है
फिर भी जीवन में एक शाश्वत
वर्तमान है।

29. किताब

यह कोई किताब नहीं;
किताबें क्या महत्व रखती हैं
ताबूत और कफ़न क्या महत्व रखते हैं

❧❧❧

यह एक इच्छा है
यह एक वादा है
यह एक विशाल पुल है टूटने को
यह एक समुद्री लहर है
एक भारी लंगर

❧❧❧

एक घूमता चक्का
एक गतिमान पतवार
तोपें जो बारूद से दहाड़ती हैं
समुद्र हंसता है
निर्दयी मनुष्य।

30. कोलम्बस ने कहा

दोस्त—
कोलम्बस ने कहा—जिनोइस में अब और भरोसा मत करो
यह हमेशा गहरे नीले में देखता है—
यह प्रलोभन में बहुत दूर चला गया है।

❧❧❧

अब अजनबी मेरे लिए प्रिय है
जिनोआ, सौनक समुद्र में गए—
ठंढे रहे, हृदय!
हाथ पतवार पकड़ा रहा
मेरी समुद्र के सामने और ज़मीन और ज़मीन?

❧❧❧

हम हमारे पैरों पर तेज़ी से खड़े हुए
हम कभी लौट नहीं सकते
वहाँ से पार
जहाँ से मृत्यु की दूरी है
गौरव और सौम्य।

31. पागल आदमी

क्या तुमने पागल आदमी के बारे में नहीं सुना। जिसने सुबह के चमकते उजाले में एक लालटेन जलाया और बाजार की तरफ दौड़ता और लगातार चिल्लाया।

मैंने ईश्वर को ढूंढ लिया!

मैंने ईश्वर को ढूंढ लिया!

बाजार में लोग एकजुट हो गए। उनमें से कुछ जो ईश्वर में विश्वास नहीं करते, वह वहीं खड़े रहे और फिर हंसते हुए एक ने पूछा, क्या यह पागल हो गया है? दूसरे ने पूछा, क्या यह एक बच्चे की भांति रास्ता भटक गया है?

या वह कुछ छुपा रहा है?

क्या वह हमसे डरता है?

क्या वह समुद्री यात्रा पर गया था?

क्या यह कोई प्रवासी है?

इस प्रकार वह चीखें और हंसे। पागल आदमी उनके बीच में कूद गया और उन्हें अपनी आंखों से ततेरने लगा। ईश्वर कहाँ है? उसने चीखते हुए पूछा।

मैं तुम्हें बताऊंगा। हमनें उसे मार दिया है। तुमने और मैंने। हम सभी उसके हत्यारे हैं। लेकिन हमनें यह कैसे किया? कैसे हम सागर को सोख सकते हैं? किसने हमें सोखता दिया ताकि हम पूरे क्षितिज को सोख लें? हम क्या कर रहे थे, जब हम पृथ्वी से इसके सूर्य तक उन्मुक्त थे? अब कहाँ यह घूम रहा है? कहाँ हम घूम रहे हैं? सभी सूर्यों से दूर? क्या हम लगातार डूब नहीं रहे? पीछे की ओर, बगल

की तरफ, आगे की ओर, सभी दिशाओं में। क्या वहाँ अभी भी कोई उतार चढ़ाव है? क्या हम भटक नहीं रहे हैं, एक अनन्त से होते हुए? क्या हम खाली जगहों की सांसों को महसूस नहीं करते हैं? क्या यह ठंडा नहीं हो गया है? क्या यह रात नहीं है, जो लगातार हम में डूबती जा रही है? क्या हमें सुबह लालटेन जलाने की जरूरत नहीं है? क्या हम कब्र खोदने वालों के अलावा कुछ सुनते हैं? कौन ईश्वर को दफना रहा है? क्या हम पवित्र अपघटन के अलावा कुछ सूंघ पाते हैं? ईश्वर भी अपघटित हो गए। ईश्वर मर गए। ईश्वर मरे हुए बचे हैं। और हमनें उसे मारा है।

हम खुद अपने आप का कैसे सामना करेंगे, सभी हत्यारों के हत्यारे? हम में सबसे पवित्र और सबसे बहादुर क्या था, जो कि संसार अभी तक खुद के ही खून से सना हुआ है और हमारे धारदार हथियार से मारा गया है। हम पर से यह खून कौन साफ करेगा? क्या वहाँ हमारे लिए पानी है, जिससे हम खुद को साफ करें। क्या हैरानी के पर्व, क्या पवित्र प्रतिस्पर्धा हमनें इजात की है? क्या यह हमारे महानता की कार्य की उत्कृष्टता नहीं है?

अवश्य हम खुद ईश्वर नहीं बनते, साधारण तौर पर मूल्यवान होकर? वहाँ कभी कोई महान काम नहीं था और जो कोई भी हमारे बाद पैदा होता है, अपने इस काम के ख़ातिर वह अभी तक के इतिहास में सबसे महान से सम्बंधित होगा।

यहाँ पागल आदमी ख़ामोश हो गया और फिर उसने उसको सुनने वालों को देखा। पागल आदमी को सुनने वालों ने भी उसे ख़ामोशी और आश्चर्यचकित होकर देखा। अंत में उसने अपनी लालटेन को ज़मीन पर फेंक दिया। लालटेन ज़मीन

पर गिरकर कई टुकड़ों में टूट गई और पागल वहाँ से यह कहते हुए चला गया कि मैं बहुत जल्दी आ गया हूँ। अभी तक मेरा समय नहीं आया है।

यह ज़बरदस्त घटना अभी तक जारी है। अभी तक भटकते हुए। यह अभी तक लोगों के कानों तक नहीं पहुँचा है। प्रकाश और गड़गड़ाहट समय मांगती है। तारों की रोशनी समय मांगती है। काम यद्यपि पूरे हो गए। फिर भी दिखने और सुनने के लिए समय की जरूरत होती है। यह काम अभी भी उनसे बहुत दूरस्थ है। दूरस्थ तारों के मुकाबले और अभी तक उन्होंने खुद पूर्ण किया है।

आगे बताया गया है कि उसी दिन पागल आदमी ने कई गिरजाघरों में अपना रास्ता बनाया और वहाँ वह शाश्वत गंध में सराबोर हुआ। उसे बाहर ले जाया गया और पादरी को बुलाया गया। उसने कहा, यह हमेशा कुछ नहीं करता है। लेकिन यदि यह ईश्वर के कब्रें और मकबरे नहीं हैं तो आखिर यह सभी गिरजाघर क्या हैं?

32. अनुवादक के बारे में

विशेक उत्तर प्रदेश के गोरखपुर जिले के एक छोटे से गांव में पैदा हुए हैं। वर्तमान में दिल्ली में रहते हैं और दिल्ली विश्वविद्यालय से हिंदी पत्रकारिता एवं जनसंचार विषय से स्नातकोत्तर की पढ़ाई कर रहे हैं।

अभी तक विशेक की दो कहानी संग्रह "सवा इंच प्यार, यादों का इतिहासकार" और एक कविता संग्रह "नेपथ्य में विलाप" प्रकाशित हो चुकी है। जो ऐमज़ॉन और फ्लिपकार्ट पर उपलब्ध है। इसके साथ ही विशेक ने विश्व प्रसिद्ध लेखक खलील जिब्रान की उत्कृष्ट पुस्तक "मैड मैन" का हिंदी भाषा में अनुवाद भी किया है।

33. संदर्भ-सूची

1. I am dynamic by Sue Prideauz

2. Thus Spoke Zarathustra by Friedrich Nietzsche

3. The Madness of Nietzsche by Erich Friedrich Podach

4. Friedrich Nietzsche: A philosophical biography by Julian Young

5. Selected letters of Friedrich Nietzsche